Ouvrage préparé avec le concours
du Centre national du livre

Comptines et berceuses de BRETAGNE

Illustrations : Aurélia Grandin

Traduction et transcription
Breton : Francis Favereau et Yann-Fañch Kemener (chansons 2, 10, 13, 20, 24)
Gallo : André Le Coq

Didier Jeunesse   comptines du monde

INTRODUCTION

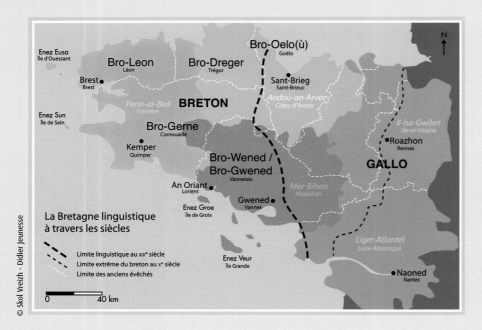

La Bretagne linguistique à travers les siècles

Limite linguistique au XIXe siècle
Limite extrême du breton au Xe siècle
Limite des anciens évêchés

0   40 km

© Skol Vreizh – Didier Jeunesse

À propos des langues de Bretagne

Trois langues coexistent en Bretagne depuis plusieurs siècles : le breton, le gallo et le français.

Le **breton** est une langue celtique, du groupe brittonique (breton, gallois, cornique). Son implantation en Armorique date des Ve et VIe siècles, époque où les populations de Bretagne insulaire (la Grande-Bretagne) fuient les envahisseurs saxons. La langue de ces populations, recouvrant les substrats gaulois et romain, deviendra ce qu'on appelle aujourd'hui le breton.

Le **gallo** fait partie des langues d'oïl, langues romanes de la moitié nord de la France. Des influences existent entre le breton et le gallo, mais ce dernier est avant tout issu d'une évolution du gaulois et du latin tout au long du Moyen Âge. Cette « parenté » plus proche avec le français explique qu'il soit souvent mêlé à lui, contrairement à ce qui se passe pour le breton. Ainsi, la majorité des chansons traditionnelles du pays gallo appartient au fonds francophone.

Jusqu'à la fin du XIXe siècle, les langues maternelles et uniques de l'immense majorité de la population en Bretagne sont le breton dans la moitié ouest et le gallo dans la moitié est.

Le **français** occupe néanmoins une place importante, surtout depuis le XVIe siècle : langue officielle de l'administration, il devient la langue des élites sociales et des milieux urbains. À la fin du XIXe siècle, avec l'avènement de l'école obligatoire, son apprentissage est imposé à tous. L'usage des langues régionales est sévèrement réprimé. Au cours du XXe siècle, le développement des médias de masse renforce la présence du français sur le territoire national. Les langues traditionnelles cessent peu à peu de se transmettre au sein des familles. En quelques décennies, le français devient la langue maternelle de la majorité des Bretons.

Le dernier tiers du XXe siècle se caractérise par le renouveau des cultures et des langues traditionnelles. Aujourd'hui, le breton est enseigné aux enfants dans des écoles bilingues publiques et privées, des écoles Diwan (enseignement laïc et gratuit par immersion, avec introduction progressive du français), et aux adultes lors de stages (association Dao d'ar c'had). Le gallo est lui aussi enseigné dans des filières de l'Éducation nationale et des stages.

On estime que le breton compte 270 000 locuteurs aujourd'hui contre 1 million au début du XXe siècle. Le gallo en compte à peu près le même nombre.

Vincent Morel (association Dastum)

Le breton : caractéristiques et transcription

Pour le locuteur français, le breton est une langue étonnante à plus d'un titre. À l'oreille, on est surpris par sa sonorité âpre due à la présence du *c'h*, équivalant peu ou prou à la *jota* espagnole. Lorsqu'on le lit, on remarque par exemple le *ñ*, la fréquence des lettres *w* et *z*, si rares en français, ainsi qu'une diversité de transformations graphiques.

Le breton est en effet fondé sur plusieurs principes de mutations étrangers au français mais typiques des langues celtiques. Le plus caractéristique est celui de la mutation consonantique : la lettre initiale d'un mot change en fonction de la lettre qui le précède. On dira *ho mamm* (votre maman) mais *ar vamm* (la maman).

Certains mots ont un pluriel interne, qui se forme en modifiant les voyelles à l'intérieur du mot : le mot *bran* (corbeau) devient *brini* au pluriel.

C'est au début du XXe siècle que la transcription du breton se stabilise. À l'époque, deux graphies coexistent. La plus connue est la graphie *K.L.T.*, du nom des trois anciens diocèses dont elle unifie la transcription : *Kerne* (Cornouaille), *Leon* (Léon) et *Treger* (Trégor). L'autre graphie est celle utilisée dans le Vannetais (*brezhoneg Gwened*). De 1936 à 1941, certains écrivains vannetais se rapprochent du *K.L.T.* : cela donne naissance à une graphie « unifiée ». Celle-ci est la plus usitée, et c'est celle que j'ai choisi d'utiliser ici. Toutefois, trois cas exigent quelques tolérances orthographiques pour fédérer tous les apports :
• la rime en poésie, comme dans *Tio tio* : ... *noz eo* / ... *den ne gleo* (au lieu de *glev*) ;
• l'élision pour respecter la métrique et le nombre de pieds, comme dans *Kemenerien Pondi* : *'Benn 'devoe-int goulennet o mern* ;
• le respect de textes récents datant d'avant 1940 (Kerlann), voire des années 1950 (Hélias).

Francis Favereau

Le gallo : transcription

La graphie du gallo n'est pas encore fixée et il n'en existe à ce jour aucune qui fasse autorité. J'ai donc opté pour une écriture globale, relativement proche du système orthographique français, mais qui puisse rendre compte des spécificités du gallo et des prononciations présentes dans l'enregistrement.

Au final, la graphie retenue est proche de celle du dictionnaire de gallo *Le Petit Matao* de Régis Auffray (Rue des Scribes Éditions) et de celle d'auteurs comme Patrick Deriano et André Bienvenu.

André Le Coq

À la rencontre des comptines

Au cours de deux tours de Bretagne, j'ai eu grand plaisir à rencontrer des personnes convaincues de la richesse du patrimoine enfantin en breton ou en gallo. De Quimperlé à Lesneven, de Rostrenen, Carnoët à Nouvoitou et Saint-Marc-le-Blanc, de 5 à 80 ans, on entend des voix naturelles et de fort caractère.

Notre démarche est de valoriser la diversité du répertoire chanté. J'ai donc eu à cœur d'allier des textes connus du plus grand nombre et des pépites de la mémoire locale. Beaucoup de ces chants pourront être repris par des personnes néophytes et curieuses de nouvelles sonorités. Parmi eux, des comptines, des formulettes de jeux, des berceuses et des chants dansés, une version de *J'ai descendu dans mon jardin* qui m'était inconnue, du *kan ha diskan* (chant et « déchant »), sans oublier l'imitation vocale des cloches ou des animaux. Le tout dénote une poésie riche, en étroite relation avec la nature.

Je remercie tous ceux qui m'ont guidée dans cette recherche et qui œuvrent pour maintenir vivante la tradition orale.

Chantal Grosléziat

LA PAROLE OFFERTE À L'HOMME

Ce chant naquit un soir d'hiver on ne sait où, on ne sait quand,
à la porte d'une maison où criait un enfant malade.
Depuis lors de siècle en siècle, d'aube en aube, de fatigue en fatigue,
l'ont usé des lèvres d'esclaves.

Armand Robin
(*Le Temps qu'il fait*, Éditions Gallimard)

Bien difficile de concevoir aujourd'hui à quel point la rime a joué un rôle important dans la société ancienne. Je vous parle d'un temps qui n'est pourtant pas si lointain et d'un vécu dans une société rurale que j'ai intimement côtoyée. Les médias n'occupaient pas la place qu'ils tiennent au sein des foyers depuis que les supports se sont multipliés ces dernières décennies. Surtout, les références parlées et chantées étaient celles de l'entourage proche et se partageaient à l'échelle de la société. Elles ne s'imposaient pas par les médias, qui tendent à confisquer la parole et à substituer de nouveaux standards aux pratiques langagières d'autrefois.

Je dois reconnaître avoir eu la chance – une chance extraordinaire même, pour ma génération – d'avoir des parents dont la langue maternelle était le breton. En outre, ma mère avait un goût prononcé pour les « bouts rimés ». Non seulement elle ne manquait pas une occasion de me rappeler que *peb ger digasa e notenn* (chaque mot amène sa rime), mais elle s'exprimait constamment dans une langue fleurie de sentences rimées, ponctuant ses propos de dictons que les circonstances semblaient porter tout naturellement à ses lèvres. C'est ainsi que les premiers éléments du langage m'ont été communiqués. Ma mère m'a transmis les appels de bergers qu'elle-même chantait dans son enfance et le *Hei, hei, hei, dip-ha-doup* qui imite le cheval au pas ou au galop. De la même manière, elle m'a appris le nom des doigts sur le mode du jeu ou encore à imiter le chant de tel ou tel oiseau. Autant de registres de l'expression orale qu'en termes savants nous appelons aujourd'hui rimes, comptines ou mimologismes. D'évidence, ces termes sont apparus avec les collectes et surtout les classifications que l'analyse a amenées.

Dans la société où j'ai grandi, les chants et les rimes s'égrenaient tel un chapelet que l'on récite, imposant vers, rythmes et structure poétique – tout ce que je retrouverais plus tard dans le chant de manière plus générale. En me nourrissant de ses paroles et de ses sentences, ma mère m'inculqua les fondamentaux de la langue et de la musique bretonnes. Comment imaginer que ces « bouts de chants », ces « formules » ou ces « rimes », autour desquels ma mère et moi partagions nos rires et nos réflexions, allaient avoir un impact aussi important sur ma vie ?

Chaque chant, chaque adage, chaque rime appelés par les circonstances avaient une portée didactique. Reflets des valeurs et des représentations d'un monde en cours de désagrégation, ils étaient aussi destinés à préparer l'enfant que j'étais à intégrer le monde des adultes et à le soumettre aux règles de la société, où chacun devait garder la place qui lui était imposée. Alors, il n'était pas question de remettre en cause l'ordre établi, et la transgression était difficile. Seuls l'exil, l'émigration, ou encore le langage, par l'usage de jeux subtils, offraient une échappatoire.

Forme de joute oratoire, le chant improvisé, ou *kan a boz*, développé par certains chanteurs jouait en effet le rôle d'exutoire social, dans les limites qu'imposait un maître de cérémonie. Pour d'autres adultes, le recours aux mots rimés était aussi l'occasion de renouer avec la part enfouie de leur enfance et de régler des comptes avec la société. Et par là même, à coups de métaphores ou de mots d'esprit tirant parti des subtilités de la langue, de la faire évoluer ?

La palette de chants proposée dans ce livre-disque se veut représentative des divers facettes et talents de la Bretagne bretonnante et gallaise. Le répertoire est traditionnel, mais intègre aussi des compositions utiles aux besoins de l'enseignement d'aujourd'hui. Comme depuis toujours, ainsi qu'on se l'imagine, des paroles *nevez gompozet* (nouvellement composées) sont adaptées sur des airs venant d'ailleurs, et des chants anciens sont interprétés sur des airs nouveaux. Toutefois, la matière essentielle du corpus est l'héritage des anciens. Quel que soit le genre – chansons à compter, chansons à décompter, berceuses, jeux, imitations d'animaux, d'oiseaux… et il aurait été possible d'en ajouter bien d'autres à la sélection –, le choix a été fait de traiter ces chants de manière contemporaine. Les voix sont accompagnées d'instruments inscrits dans la tradition, tels le biniou bras ou la bombarde, et d'autres comme la guitare, le violon ou encore diverses flûtes et percussions, qui ont fait leur apparition dans la musique bretonne avec la vague folk des années 1970. Ces arrangements respectent néanmoins les spécificités de cette musique. Cette formule devrait faciliter l'approche d'une matière autrefois interprétée a cappella.

Enfin, que la publication de ce répertoire soit l'occasion de revenir sur deux questions maintes fois soulevées, mais qui, à mon sens, demeurent sans réponse et doivent nous interpeller.

Combien de fois nous sommes-nous entendus dire : « Quel devenir pour les langues dites minoritaires et minorisées ? Pourquoi chanter aujourd'hui en breton et à quel auditoire faire passer les subtilités de langage de deuxième ou troisième degré ? » La question se pose pour la pratique du chant en breton, mais également en occitan, et dans une moindre mesure en basque et en corse, auxquels on accorde aujourd'hui le rang de langues. Et que dire du chant en gallo, peu reconnu parmi les langues minoritaires et minorisées ?

Dans le contexte actuel, où tout tend à l'uniformisation et à substituer à la communication des pratiques de consommation, se pose la bien vaste question de la transmission du répertoire. L'ordinateur et le magnétophone, qui conservent et diffusent les chants et les textes, nous permettent-ils vraiment l'échange et la communication que le dialogue direct entre les êtres établit sans médium ? Si fantastiques soient ces outils, à quoi bon s'approprier un répertoire s'il ne nous donne pas l'extraordinaire opportunité du regard de l'Autre dans sa différence et dans sa sensibilité au cours de ce long apprentissage qu'est la vie ?

Que les mots changent, que la forme évolue, soit, mais l'essentiel doit demeurer : l'expérience de la parole offerte à l'Homme.

Yann-Fañch Kemener

Kemenerien Pondi

Barzh Pondi zo kemenerien
À Pontivy il y a bien des tailleurs
Vali vali valo, vali vali valo 'ho !
Mais oh là là, c'est une horreur !
'Barzh Pondi zo kemenerien
À Pontivy il y a bien des tailleurs
Ha nan int ket nemet lêrien (bis)
Mais qui ne sont que des voleurs

Tri gemener euS Pondivi
Trois petits tailleurs de Pontivy
Oe deut da wriat da ma zi (bis)
Étaient venus coudre chez nous

'Oent ket daet mat war an treujoù
Ils avaient à peine passé le pas de la porte
'Benn 'doe-int goulennet o leinioù (bis)
Qu'ils voulaient prendre leur petit déjeuner

Na oe ket kreiste' met a-boen
Il était à peine midi sonné
Benn devoe-int goulennet o mern (bis)
Qu'ils voulaient prendre leur déjeuner.

Diw chôdennad youd silet
Deux récipients de bouillie d'avoine
En oe debet an tri greved (bis)
C'est ce que ces affamés ont avalé

'Barzh Pondi zo kemenerien
À Pontivy il y a bien des tailleurs
Vali vali valo, vali vali valo 'ho !
Mais oh là là, c'est une horreur !

°2° Loutandoujig

Loutandoujig, loutandoujig, loutandoujig ma bihanig, me a gano deoc'h
Mon petit loup adoré, mon tout-petit gentil, je chanterai pour toi

Da c'hortoz ken e teuy ho mammig d'ober chukig deoc'h
En attendant que ta maman revienne te donner la tétée

Ho mammig a zo dañserez, ho tad a zo me'wier
Ta mère, elle, aime à danser, ton père, lui, aime à boire

Ha c'hwi zo aman bihanig, ho-hunan 'barzh ar ger
Et toi, mon tout-petit, tu es tout seul à la maison

.3. Ar yarig

Ar yarig (bis)
La petite poule
Pelec'h emañ he zi ?
Où est son nid ?

'N ur gambrig (bis)
Dans une chambrette
Alc'hwezet eo warni.
— Qui la retient prisonnière.

Ha me a dro hag a zistro
Moi je tourne et me retourne
Ken na 'mo ka(v)et tri
Jusqu'à en trouver trois

(bis)

Hemañ pe houmañ
Celui-ci ou bien celle-là
Hemañ 'day ganin
C'est celui-ci que je choisis

13

- **Monte a l'échelette**
  - Monte à l'échelette
- **Montez-la ben**
  - Montez-la bien

- **Ou ét-è la p'tit' souris
qi tae dan c'trou-là ?**
  - Où donc est la p'tite souris
  qui était dans c'trou-là ?
Plus haut !
Plus haut !

Heido trikotin !
　Hue cocotte !
Da Lesneven da brenañ gwin
　Allons à Lesneven pour y acheter du vin
Gwin mat ha marc'had mat
　Du bon vin, bon marché qui plus est
Da Lena ha d'he zad !
　Pour Lena et son papa !

He mamm n'devo tamm
　Sa maman n'aura rien
Nemet un tamm bara 'mann
　Qu'un quignon de pain beurré
Taolet dreist ar c'hleuzier lann
　Jeté par-dessus les fossés pleins d'ajoncs

∙5∙ Heido trikotin !

EXPEDITIONS DE DETAIL

·6· Tabedibedao

Tabedibedao la fame s'ét morte
Tabedibedao la femme est morte
Tabedibedao le chat l'emporte
Tabedibedao le chat l'emporte
Tabedibedao par dessou l'us
Tabedibedao par-dessous la porte
Tabedibedao dan z'un pertus
Tabedibedao dans un trou
Tabedibedao nan la verra pus
Tabedibedao on ne la verra plus

16

DÉCEMBRE

5. *Lundi.* S. Sabas.   339-26   7. *Mercredi.* S. Ambroise.   341-24

°7· Ar sizhun

Dilun, dimeurzh, dimerc'her
Lundi, mardi, mercredi
Ha yao ta ! Ha yao ta ! (bis)
Et allons-y ! Et allons-y donc !

Dilun, dimeurzh, dimerc'her
Lundi, mardi, mercredi
Ha diriaou ha digwener
Et jeudi et vendredi

Ha disadorn ha disul
Et samedi et dimanche
Ha yao ta ! Ha yao ta ! (bis)
Et allons-y ! Et allons-y donc !

Ha disadorn ha disul
Et samedi et dimanche
Setu echu ar sizhun !
Voilà la semaine terminée !

342-23

J'ai descendu dans mon jardin (bis)
Pour y cueillir du romarin

REFRAIN
Mon joli gris blanc, mon joli gris vert
Mon joli gris vert, mon joli gris blanc
Mon beau gris joli
Mon beau ruban gris

Pour y cueillir du romarin (bis)
J'en avais pas cueilli trois brins

J'en avais pas cueilli trois brins (bis)
Qu'un rossignol vint sur ma main

Qu'un rossignol vint sur ma main (bis)
Il me dit trois mots en latin

Il me dit trois mots en latin (bis)
Que les hommes ne valent rien

Que les hommes ne valent rien (bis)
Et les garçons encore bien moins

Et les garçons encore bien moins (bis)
Pour les dames il ne m'en dit rien

Pour les dames il ne m'en dit rien (bis)
Des demoiselles beaucoup de bien

· 8 · J'ai descendu dans mon jardin

Piou ra unan ?
Qu'est-ce qui fait un ?
Me ma unan
Moi tout seul

Piou ra daou ?
Qu'est-ce qui fait deux ?
Diskouarn Laou
Les oreilles à Guillaume

Piou ra tri ?
Qu'est-ce qui fait trois ?
Daoulagad ha fri
Les yeux plus le nez

Piou ra pevar ?
Qu'est-ce qui fait quatre ?
Daoulin, daouilin, me lâr !
Les genoux, les coudes,
c'est moi qui te le dis !

Piou ra pemp ?
Qu'est-ce qui fait cinq ?
Ar bizied demp
Les doigts d'une main

Piou ra c'hwec'h ?
Qu'est-ce qui fait six ?
Difron, diwhar, divrec'h
Les narines, les jambes et puis les bras

Piou ra seizh ?
Qu'est-ce qui fait sept ?
Toulloù ar penn : kostez ha kreiz
Les trous de la tête : ceux des côtés et du milieu

Per-Jakez Hélias

La tempête se d[...]

Plac'hig koant an douar nevez

Plac'hig koant an douar nevez, digedey tourig tra lon la
Jolie jeune fille de l'aire neuve, digedey tourig tra lon la
Plac'hig koant an douar nevez, kaer e ve' bout aze ?
Jolie jeune fille de l'aire neuve, fait-il bon être là ?

Kaeroc'h c'hoazh a gavehen, digedey tourig tra lon la
Je m'y trouverais bien aise, digedey tourig tra lon la
Kaeroc'h c'hoazh a gavehen ma me bet 'n hani 'fôt din
Je m'y trouverais bien aise si mon aimé était tout près de moi

Ma 'ma ho choñj 'barzh an dañs, digedey tourig tra lon la
Si votre aimé est dans la danse, digedey tourig tra lon la
Ma 'ma ho choñj 'barzh an dañs, pôzet ho torn àr e vañch
Si votre aimé est dans la danse, passez-lui la main sur la manche

Ma 'ma ho choñj en dachenn, digedey tourig tra lon la
Si votre aimé est ici à l'assemblée, digedey tourig tra lon la
Ma 'ma ho choñj en dachenn, pôzet ho torn àr e benn
Si votre aimé est ici à l'assemblée, passez-lui la main sur la tête

Plac'hig koant an douar nevez, digedey tourig tra lon la
Jolie jeune fille de l'aire neuve, digedey tourig tra lon la
Plac'hig koant an douar nevez, beb a vouch a garantez
Jolie jeune fille de l'aire neuve, donnez-vous un baiser d'amour

Beb a vouch ha beb a daou, digedey tourig tra lon la
Chacun un baiser et puis deux, digedey tourig tra lon la
Beb a vouch ha beb a daou, ken vi'et kontant ho taou
Chacun un baiser et puis deux, vous en serez d'accord tous deux

· 11 · A cheval

A cheval mon métr
A cheval mon maître

Les aotr i nous léssent
Les autres ils nous laissent

Courons bé vite pour les atraper
Courons bien vite pour les attraper

Au trot, au trot...
Au trot, au trot...

Au galop, au galop...
Au galop, au galop...

Diboulout, diboulout

Meskañ an toaz (ter)

Mélanger la pâte

Diboulout ha diboulout ha dibouloutañ !

En enlevant encore et encore les grumeaux !

Aozañ yod (ter)

Préparer la pâte

Diboulout ha diboulout ha dibouloutañ !

En enlevant encore et encore les grumeaux !

·13· Ar c'hleier

Argant bemdez ! (bis)
De l'argent chaque jour !
Tre ma taint ec'h aint ! (bis)
Dès que les sous rentrent, ils s'en vont !

Bim baoñ, kloc'hig Kaouenneg

REFRAIN (bis)

Bim baoñ, kloc'hig Kaouenneg
Ding dong, petite cloche de Caouënnec
Marv ar Jegou Lorgenneg !
Il est mort Jegou Le Lorgennec !

Aet e bennig gant ar c'hi
Le chien a emporté son ciboulot
Trezek pardon sant Jili
Vers le pardon de saint Gillot

Aet eo Mari war e lerc'h
Marie est partie à sa poursuite
Gant ur bara 'vichenn kerc'h
Emportant une miche d'avoine

Daouwenneien d'ar veleien
Des pièces de deux sous pour les curés
Daouwenneien d'ar c'hanfarded
Des pièces de deux sous pour nous les gars

Taolioù treid da Chas-de-dieu
Des coups de pied au chasse-gueux
Ken ec'h ayo dreist ar c'hleuz
Jusqu'à le passer par-dessus le talus

27

·14· Tio tio

Tio tio, noz eo
Tio tio, il fait nuit
Kousket eo, den ne gleo
Tout est endormi, on n'entend personne

Mud mud, eo an dud
Pas de bruit, tout est silencieux
Trouz ebet dre ar bed
Silencieux de par le monde
Nag er c'hoajoù nag er maezioù
Dans les bois et dans les campagnes

Nemet trouz an avel
On n'entend que le bruit du vent
En delienn o kanañ
Qui fait chanter les feuilles
Nemet heklev dour ar vilin
On n'entend que l'eau du moulin
O kouezhañ war vord ar ribin
Et son écho sur le bord du sentier

Dig dig mon cheval
Dig'dig mon cheval
Demain j'irons-t-a Loyat
Demain nous irons à Loyat
Dig dig ma jument
Dig dig ma jument
Demain j'irons-t-a Saint-Abran
Demain nous irons à Saint-Abraham
Dig dig mon poulain
Dig dig mon poulain
Demain j'irons core ben pus lein
Demain nous irons encore bien plus loin
Sercher des pomes e des peires
Chercher des pommes et des poires
Une biele petite vache naire
Une belle petite vache noire
Pour mener Matao ao champs
Pour conduire Mathieu aux champs
Champs, champs, champs, champs, youuu !
Champs, champs, champs, champs, youuu !

Pemp blank ar menn, lonlurig, pemp blank ar menn (bis)
Cinq sous le chevreau, lonlure, cinq sous le chevreau

Ha lakit 'noñ pemp blank hanter, ha c'hoazh ne vo ket ker ! (bis)
Mettez-le à cinq sous et demi, et ce ne sera pas cher payer !

Pevar blank ar menn, lonlurig...
Quatre sous le chevreau, lonlure...

Tri blank ar menn...
Trois sous le chevreau...

Daou vlank ar menn...
Deux sous le chevreau...

Ur blank ar menn...
Un sou le chevreau...

· 16 · **Pemp blank ar menn**

An deiz all 'fale e oan bet
delin delan deleno
 L'autre jour allant me promener
Ul laouelanig 'm oa tapet
lin delin delan dela...
 J'ai réussi à attraper un roitelet

Pa oa tapet, tapet e oa
 Une fois attrapé, le voilà prisonnier
Klasket ar c'higer d'e lazhañ
 On chercha un boucher pour le tuer

Ar c'higer hag e veveleien
 Le boucher et ses domestiques
A grie forzh a-bouez o fenn
 Réclamaient du renfort à tue-tête

A grie forzh a-bouez o fenn
 Réclamaient du renfort à tue-tête
Da lâret 'oant ket 'vit e delc'hen
 Ne pouvant plus le retenir

An heni gozh oa tal an tan
 C'est la vieille assise au coin du feu
'Neus bet dalc'het al loen bihan
 Qui a su retenir le petit oiseau

Klasket bep a garr houarnet
 On a fait venir quatre charrettes ferrées
Da gass al loenig da Naoned
 Pour convoyer la bête à Nantes

O tonet alesse d'ar gêr
 Mais en revenant de Nantes
A neu-int bet gwelet kalz a droioù kaer
 On assista à des scènes démentes

Gwel't 'neu-int ar c'helien o tornañ
 L'on y voyait les mouches en plein battage
Hag ar fubu o tibellañ
 Les moucherons, eux, secouaient la balle de blé

Un touseg oa o 'tougen plouz
 Un crapaud, lui, transportait la paille
Ha c'hoazh ne rae ket kalz a drouz
 Mais ne faisait guère de bruit

Ar c'hazh oc'h ober tro al leur
 Le chat courait tout autour de l'aire
Peder logodenn deus e heul
 Poursuivi par quatre souris

·17· **Al laouenanig**

Goude 'noa-int gwelet
tri borc'hell
  Après quoi l'on remarqua
  trois porcelets
E oant o tañsal 'barzh
o skue'll
  Qui dansaient ensemble
  dans leur écuelle

Ha dañsal a raent manifik
  Ils dansaient admirablement
Met o flasoù a oa justik
  Malgré le peu de place

Goude 'noa-int gwelet ar goukoug
  Puis on vit ce petit coucou
'Tougen Montroulez war he chouk
  Transporter sur son dos le Tout-Morlaix

Ha c'hoazh 'noa-int gwel' an aner-zall
  Et puis on aperçut aussi ce drôle d'orvet
Klask kass ar Bed-mañ d'ar Bed all !
  Basculer l'Ici-bas dans l'Autre monde !

· 18 · Hei, hei, hei, dip-ha-doup

Hei, hei, hei, dip-ha-doup
Hue, hue, hue, tagada
War ar gazeg, war ar gazeg !
Sur la jument, sur la jument !
Hei, hei, hei, dip-ha-doup
Hue, hue, hue, tagada
War ar gazeg d'ar c'haloup !
Sur la jument en galopant !

Dreist an drez, dreist an drein
Franchissons les ronces et les épines
Iwanig vihan, Iwanig vihan
Mon p'tit Yvon, mon p'tit Yvon
Dreist an drez, dreist an drein
Franchissons les ronces et les épines
Iwanig vihan zo war he c'heïn
Mon p'tit Yvon est sur son dos

· 19 · Rai, rai mon p'tit soulai

Rai, rai mon p'tit soulai
Brille, brille mon p'tit soleil
Devant tai come devant mai
Devant toi comme devant moi
Devant la fille du roué
Devant la fille du roi
**Q'ét la-haot su Lanvao
a garder ses p'tits agniaos**
Qui est là-haut sur Lanvaux
à garder ses p'tits agneaux

**E son tout petit poulain
qi fet ouin ouin**
Et son tout petit poulain qui fait ouin ouin
**Qi mange pas pus q'une meuyette
de fein**
Qui ne mange pas plus d'une moyette de foin

35

Ar pichon

Tor Vrañsez, tor rouz...
Poitrine de François, poitrine rousse...

Ar brini

Lôranzig, galvet ho mabig
Lôransig, appelez votre fils

Petra 'p'eus kavet, petra 'p'eus kavet ?
Qu'avez-vous trouvé, qu'avez-vous trouvé ?

Un touseg, un touseg
Un crapaud, un crapaud

Lard eo, lard eo ?
Il est gras, il est gras ?

Soav tout, soav tout !
Que de la graisse, que de la graisse !

Les gernouilles

Qhi ét-ce qi va laver l'eqheule au roi adsa ?
Qui va laver l'écuelle du roi ce soir ?

Pas ma !
Pas moi !

Ni ma ni ma ni ma ni ma ni ma ni ma !
Ni moi ni moi ni moi ni moi ni moi ni moi !

Les côs

Qe l'ivèr ét long !
Que l'hiver est long !
Nous le passerons
Nous le passerons
Bé en aheunant... (ter)
Péniblement...

Le pijon

**Tu n'pousse pus,
Tonton (ter)**
Tu n'pousses plus,
Tonton
Con !
Con !

Marijanig, lagad bran,
 Marie-Jeanne, œil de corbeau,
O, Marijanig, va filhorezig,
 Oh, Marie-Jeanne, petite filleule,
Marijanig, lagad bran,
 Marie-Jeanne, œil de corbeau,
A vez atav e-tal an tan !
 Est toujours au coin du feu !

REFRAIN

Tan ! tan ! tan !
 Du feu ! feu ! feu !
Da dommañ da Varijanig.
 Pour réchauffer Marie-Jeanne.
Tan ! tan ! tan !
 Du feu ! feu ! feu !
Da dommañ da Varijan.
 Pour réchauffer Marie-Jeanne.

Pa vez erc'h ha skorn kalet,
 Quand il neige et qu'il gèle fort,
O, Marijanig, va filhorezig,
 Oh, Marie-Jeanne, petite filleule,
Pa vez erc'h ha skorn kalet,
 Quand il neige et qu'il gèle fort,
E vez atav war an oaled.
 Elle est toujours dans l'âtre.

Pa vez glav hag amzer zu,
 Quand il pleut, qu'il fait mauvais,
O, Marijanig, va filhorezig,
 Oh, Marie-Jeanne, petite filleule,
Pa vez glav hag amzer zu,
 Quand il pleut, qu'il fait mauvais,
E vez atav 'touez al ludu.
 Elle est toujours parmi les cendres.

Paotr Treoure

O !
Kaoc'h ki !

Kaoc'h ki du ha kaoc'h ki gwenn
Crotte de chien noir, crotte de chien blanc
Skrab al laou en da benn !
Gratte-toi les poux sur la tête !

Kaoc'h ki gwenn ha kaoc'h ki du
Crotte de chien blanc, crotte de chien noir
Skrab ar c'hwenn a bep tu !
Gratte-toi les puces un peu partout !

O ! Kaoc'h ki !
Oh ! Crotte de chien !

Goulc'han Kervella

· 23 · Les nouzilles

J'e diz nouzilles dan mon pllatè
J'ai dix noisettes dans ma jatte à beurre
Cotissons-les a coups de martè !
Cassons-les à coups de marteau !

Cotissons la nouzille les filles
Cassons la noisette les filles
Cotissons la nouzille !
Cassons la noisette !

J'e neuf nouzilles dan mon pllatè...
J'ai neuf noisettes dans ma jatte à beurre...

J'e uit... set... siz... cinq... qatr... traiz... deûz... une...
J'ai huit... sept... six... cinq... quatre... trois... deux... une...

42

**Daou dadig 'n neus ma mabig,
daou dadig 'n neus**
Deux pères qu'il a mon fils,
deux pères qu'il a

**Unan kammig, unan treuz,
daou dadig 'n neus**
L'un petit et boiteux, l'autre un peu boss,
deux pères qu'il a

**Ho tad zo aet da Garaez,
ho mamm zo aet ivez !**
Votre père, il est allé à Carhaix,
votre mère aussi !

**Da breno din ur boutoù
hag ul lêroù nevez !**
Pour m'acheter des sabots
et des chaussettes neuves !

**Kar ma lêroù a oe toull,
ma botoù a oe vall**
Car mes chaussettes étaient percées,
mes sabots fatigués

**Hag arc'hant n'em oe ket ken
da gavouet ur re 'rall**
Et je n'avais plus du tout d'argent
pour m'en payer

· 24 · **Daou dadig 'n neus**

50 CHAUSSETTES
beige ou gris. coton fantaisie,
Prix. 3 fr. et 2.45 supérieure
17.90 et 12.0

ma mabig

43

Ne'm eus nemet ur gwenneg, ur plac'h renkan da gavoet ! (bis)
Je n'ai qu'un seul sou et je dois trouver une compagne !

REFRAIN

Jibedi jibeda, c'hwi 'po ket ma flac'h yaouank
Jibedi jibeda, vous ne l'aurez pas, ma jeune cavalière
Jibedi jibeda, kennebeut 'benn ar bloaz, jibedi jibeda
Jibedi jibeda, pas davantage l'année prochaine, jibedi jibeda

Ne'm eus nemet daou gwenneg...
Je n'ai que deux sous...

Ne'm eus nemet tri gwenneg...
Je n'ai que trois sous...

•25• Jibedi jibeda

Dek maligorn dindan ar glav (ter)
Dix escargots sont sous la pluie
Fall an amzer, 'benn arc'hoazh 'vo brav
Le temps est mauvais, mais demain il fera beau

Nav maligorn dindan ar glav (ter)
Neuf escargots sont sous la pluie
Fall an amzer, 'benn arc'hoazh 'vo brav
Le temps est mauvais, mais demain il fera beau

Eizh maligorn... Seizh maligorn...
C'hwec'h maligorn... Pemp maligorn...
Huit escargots... Sept escargots...
Six escargots... Cinq escargots...

Pevar maligorn... Tri maligorn...
Daou valigorn... Ur maligorn...
Quatre escargots... Trois escargots...
Deux escargots... Un escargot...

Ivona Arzhur
(sur un air traditionnel vannetais)

· 26 · Ur maligorn

CARANTEC
PONT-AVEN
BREST
QUIM
QUIMPERLÉ
MORLAIX
BENODET
LORIENT

CERON

LA POINTE-DU-RAZ

VANNES

DOUARNENEZ

LE CONQUET

CONCARNEAU

ROUTIERE

47

· 27 ·
Luskell, ma bagig

REFRAIN .

Luskell, ma bagig, war gribell an dour,
Berce, ma barque, sur la crête des vagues,
Dispak da ouel a red,
Déploie bien vite tes voiles,
Luskell bepred 'raok an avelioù flour,
Berce toujours sous la caresse du vent,
Sent ouzh ar stur bepred.
Sois docile toujours au gouvernail.

'Dal ar beure, betek an noz,
Du matin jusqu'au soir,
Pesketa eo ma lod,
La pêche est mon lot,
Kuitet am-eus ma ziig kloz,
J'ai quitté ma petite maison,
Kluchet e-tal an aod.
Blottie près de la côte.

Setu an heol o vont da guzh,
Voici, le soleil va se coucher,
Pesked e-leizh am eus ;
J'ai beaucoup de poissons ;
Tro war-dro din, bezhinoù druz,
Tout autour de moi, beaucoup de goémon,
Ma bag o zroc'h hep reuz.
Mon bateau le traverse sans problème.

Chant d'origine écossaise
(The Skye Boat Song)
adapté en breton par
Jean Delalande, dit Kerlann

Toutouig lala, ma mabig, toutouig lala
Fais dodo toi, mon petit gars, fais dodo
Ho mamm a zo amañ, koantig
Maman est là, mon petit mignon
Ouzh ho luskellat, mignonig
À te bercer, mon petit chéri
Toutouig lala, ma mabig, toutouig lala
Fais dodo toi, mon petit gars, fais dodo

Ha pa oac'h bihan, merc'hed
Quand vous étiez toutes petites, les filles
N'ho peus ket klevet
N'avez-vous donc pas entendu
Ho mamm da noz o kanañ deoc'h
Maman le soir chanter pour vous
A pa oac'h bihan, merc'hed,
a pa oac'h bihan ?
Hein, lorsque vous étiez toutes petites ?

E tal ho kavell, paotred
Près de votre berceau, les garçons
N'ho peus ket gwelet
N'avez-vous donc pas vu
Ho mamm o ne'añ evidoc'h
Maman là filant pour vous
E tal ho kavell, paotred, e tal ho kavell ?
Près de votre berceau, hein, les garçons ?

Toutouig lala, ma merc'hig, toutouig lala
Fais dodo toi, ma petite, fais dodo
Ho mamm a zo amañ, oanig
Maman est ici, ma mignonne
D'oc'h-c'hwi o kanañ he sonig
En train de te chanter sa berceuse
Toutouig lala, ma merc'hig, toutouig lala (bis)
Fais dodo toi, ma petite, fais dodo

E korn an oaled, merc'hed
Au coin de l'âtre, les filles
N'ho peus ket gwelet
N'avez-vous donc pas vu
Lagad ho mamm troet warnoc'h
Un regard maternel posé sur vous
E korn an oaled merc'hed, e korn an oaled ?
Au coin de l'âtre, hein, les filles ?

Deus daeroù ho mamm, paotred
Des larmes de votre maman, les garçons

Dalc'het soñj bepred
Souvenez-vous-en toujours

Nan eus netra kaeroc'h er bed
Il n'y a rien de plus beau au monde

**'Vit daeroù ar vamm, paotred,
'vit daeroù ar vamm**
Que les larmes d'une maman, les garçons,
que les larmes d'une maman

**Toutouig lala, ma mabig,
toutouig lala**
Fais dodo toi, mon petit gars,
fais dodo

·28· Toutouig

51

COMMENTAIRES

Pour offrir aux lecteurs un corpus plus conséquent, nous avons choisi de présenter les chansons *Kemenerien Pondi*, *Monte a l'échelette* et *Al laouenanig* dans des versions courtes.

Les sources des chansons ont été indiquées chaque fois que cela était possible.

CD 1 · page 8
Kemenerien Pondi – Les tailleurs de Pontivy
Collectage : Yann-Fañch Kemener, Pays Fañch, Haute-Cornouaille (22)

Les tailleurs, comme les meuniers et les prêtres, sont couramment la cible des chansons traditionnelles et des proverbes bretons. Ils avaient la réputation d'être voleurs et coureurs de jupons.

Cette *son* (chanson pouvant, comme ici, traiter de la vie quotidienne avec humour, par opposition à la *gwerz*, complainte) se moque de trois petits tailleurs gourmands, parasites et incapables. Dans la version intégrale, qui comporte une quinzaine de couplets, les tailleurs, après avoir dévoré toutes les provisions de leurs clients, leur cousent des vêtements impossibles à porter : *'Doe-int graet ur vroz evit ar plac'h/'Gouezhe de'i just evel ur sac'h ;/'Doe-int graet ur brikoù d'ar pôtr/A gouezhe an tu 'dreñv arôk./ C'hoezh a lâre an o'c'h d'ar wreg :/« An tri-mañ zo re ger deus o boued ! »/C'hoezh a lâre ar vamm d'ar verc'h :/ « Peus ket met monet war o lerc'h ! »* (Ils avaient fait une jupe pour la femme/Qui lui allait à peu près comme un sac ;/Ils avaient fait un pantalon pour l'homme/Dont l'arrière retombait sur le devant./Si bien que le maître dit à sa femme :/« Ces trois-là coûtent trop cher à nourrir ! »/ Et la mère dit alors à la fille :/« On n'a plus qu'à courir les rattraper ! »).

On entend ici deux instruments désormais emblématiques de la Bretagne et que l'on associe souvent : le binioù bras (équivalent breton de la cornemuse écossaise) et la bombarde.

CD 2 · page 10
Loutandoujig – Mon petit loup adoré
Collectage : Yann-Fañch Kemener, Pont-l'Abbé (29)

En Bretagne, comme en Irlande ou en Écosse, la harpe celtique accompagne parfois le chant soliste. C'est le cas ici.

Cette berceuse aux accents émouvants parle d'un nourrisson que ses parents indignes et dépravés ont laissé seul à la maison. La mère est une danseuse et le père un alcoolique. En attendant leur retour, une personne (voisine, tante ou cousine) chante pour apaiser l'enfant qui a faim.

CD 3 · page 12
Ar yarig – La petite poule
Collectage : Philippe Le Guern auprès de Claude Le Du et Jean-Dominique Robin, Peumerit-Quintin (22)

On chante cette comptine pour jouer à colin-maillard en ronde. Les enfants font circuler un mouchoir et tournent en chantant. L'un d'eux, les yeux bandés, tourne en sens inverse au centre du cercle. Quand la ronde s'arrête, il doit deviner qui a le mouchoir et le désigner. S'il gagne, l'enfant choisi le remplace au centre de la ronde et devient *ar yarig*. Sinon, la ronde recommence.

La phrase « Jusqu'à en trouver trois » fait référence aux trois éléments de l'œuf : la coquille, le blanc, le jaune. Ce thème de l'œuf est très courant dans les devinettes bretonnes. En voici un exemple : *Un a dôlan dreist an ti/ Pa h an da glask kavan tri* (J'en jette un par-dessus le toit/Quand je vais le chercher, j'en trouve trois). De quoi s'agit-il ? D'un œuf.

CD 4 · page 14
Monte a l'échelette
Apprise par Eugénie Duval auprès de son père, Mézières-sur-Couesnon (35)

Il s'agit de la première partie d'une comptine qui accompagne un jeu de mains à deux ou plus. Les joueurs présentent leurs poings comme pour taper du poing sur la table, mais pouce levé. Sur *Monte a l'échelette/ Montez-la ben*, l'un des joueurs referme son poing autour du pouce levé d'un autre joueur. On s'arrête

pour demander *Ou ét-è la p'tit' souris qi tae dan c'trou-là ?/Plus haut !* Le trou central du poing fermé forme en effet un conduit dans lequel la *p'tit' souris* est censée s'être faufilée. S'engage alors un dialogue, pouvant varier beaucoup d'une version à l'autre. En voici un exemple : *El ét dan la pâille/Ou tae la pâille ?/Le feu l'a brûley/Ou tae le feu ?/L'iao l'a 'teinte/Ou tae l'iao ?/Le beu l'a bu/Ou tae le beu ?/La hache l'a tuë/Ou tae la hache ?/A la forje/Forji, forjons, forji, forjons...* (Elle est dans la paille/Où était la paille ?/Le feu l'a brûlée/Où était le feu ?/L'eau l'a éteint/Où était l'eau ?/Le bœuf l'a bue/Où était le bœuf ?/La hache l'a tué/Où était la hache ?/À la forge/Forgi, forgeons, forgi, forgeons...). Sur *Forji...*, les joueurs tapent sur leurs genoux.

CD 5 · page 15
Heido trikotin ! – Hue cocotte !

Cette chanson rimée très connue, dont le rythme imite le trot ou le galop du cheval, est une sauteuse : l'adulte fait sauter l'enfant sur ses genoux.

Également jeu de langage, elle aide l'enfant à se familiariser avec les mutations présentes dans la langue bretonne. Par exemple, dans le passage *Da Lena ha d'he zad*, on voit la mutation du mot *tad* (père) en fonction de l'adjectif possessif le précédant : s'il s'agit du père de Lena, une fille, on dira *he zad* ; s'il s'agit du père d'un garçon, ce sera *e dad*. La chanson se poursuit d'ailleurs souvent avec un couplet mentionnant un prénom de garçon.

On retrouve cette comptine dans toute la Bretagne bretonnante, avec des variations.

CD 6 · page 16
Tabedibedao

Cet air a été recueilli auprès de joueurs d'accordéon diatonique du Morbihan gallo, où il accompagne une danse en rond : le « pilé-menu ». Ce type de ritournelle facilite la mémorisation de l'air et permet de relancer la danse de temps à autre. On trouve le mot *tabedibedao* dans d'autres danses, comme l'avant-deux dans le nord de l'Ille-et-Vilaine. Il existe dans cette dernière région (Vieux-Viel) une autre version des paroles, dans une forme plus

spécifiquement destinée aux enfants : *Bèèè ! La chèvre est morte/Bèèè ! Le loup l'emporte/Bèèè ! Elle est perdue/Bèèè ! On ne la reverra plus !* Ces paroles accompagnent un jeu de balancement avec l'enfant : l'adulte le tient à califourchon sur ses genoux, face à lui, et le renverse en arrière, accentuant ce mouvement sur la dernière phrase, jusqu'à lui faire frôler le sol.

CD 7 · page 17
Ar sizhun – La semaine

Cette comptine très connue, ici chantée, est souvent simplement scandée. Elle apparaît dans le conte type des deux bossus, dont il existe de nombreuses versions. Deux tailleurs bossus rencontrent l'un après l'autre les « danseurs de nuit » (nains de la lande), qui les mettent au défi d'improviser la fin d'une chanson. Le premier tailleur respecte la rime (*dimerc'her/digwener*) et choisit pour récompense la beauté plutôt que la richesse : sa bosse disparaît. Le second rompt la rime (*disul/sizhun*), ce qui déplaît aux danseurs de nuit. Malgré tout avide d'obtenir une récompense, il réclame « ce que son compagnon n'a pas voulu », pensant obtenir la richesse, mais se retrouve avec les deux bosses !

CD 8 · page 19
J'ai descendu dans mon jardin
Apprise par Eugénie Duval auprès de sa mère, Mézières-sur-Couesnon (35)

Les formes les plus anciennes apparentées à cette chanson remontent au XIIIe siècle. La version chantée ici en est une parmi plusieurs centaines existant dans l'ensemble de la francophonie. Le refrain le plus connu, utilisé massivement dans les écoles, est « Gentil coquelicot mesdames »...

En Haute-Bretagne, on associe plus fréquemment le refrain « Mon joli gris blanc » à d'autres chansons. Même s'il en existe de plus compliqués, c'est un bon exemple de « virelangue », qui permet de développer les capacités de prononciation et de mémorisation.

CD 9 · page 20

Piou ra unan ? – Qu'est-ce qui fait un ?
Collectée en Pays bigouden, à Pouldreuzic (29)

Cette comptine traditionnelle dialoguée et rimée constitue un véritable jeu, où l'on incite l'enfant à nommer et désigner les membres de son corps. Cette version de Per-Jakez Hélias, célèbre auteur du *Cheval d'orgueil* (1975), est celle que lui récitait son grand-père.

Elle est ici accompagnée par les rythmes tout en nuances du bodhrán, tambour sur cadre percuté par une petite mailloche à deux bouts, et dont la hauteur des sons peut varier par pression de la main sur la peau.

CD 10 · page 23

Plac'hig koant an douar nevez
Jolie jeune fille de l'aire neuve
Collectage : Yann-Fañch Kemener, Sainte-Tréphine (22)

Au XIXᵉ siècle, dans les villages, on confectionnait la nouvelle aire à battre les céréales en remplaçant l'ancien sol de terre battue par de l'argile fraîche. Cette tâche collective était suivie quelques jours plus tard d'une fête où l'on dansait sur « l'aire neuve » pour la tasser. C'était l'occasion rêvée pour les jeunes de faire des rencontres.

Cette chanson est une « ronde-jeu ». Une jeune fille, placée au centre de la ronde, doit choisir un partenaire. Le couple ainsi formé danse à l'intérieur du cercle puis s'embrasse. Le jeune homme remplace alors la jeune fille au centre de la ronde et le jeu se poursuit.

En breton, on distingue le bisou donné à un enfant (*añ*), la bise ou le baise-main (*pok*) et le baiser d'amour (*bouch*). *Ho choñj* désigne l'amoureux des songes, l'idéal rêvé.

CD 11 · page 24

A cheval
Apprise par Eugénie Duval auprès de son père, Mézières-sur-Couesnon (35)

Comme la plupart des sauteuses, celle-ci se termine par l'évocation du trot et du galop, que l'adulte imite en faisant sauter l'enfant sur ses genoux de plus en plus vite et fort.

CD 12 · page 25

Diboulout, diboulout – En enlevant les grumeaux
Collectage : Philippe Le Guern auprès d'Isabelle Caignard et Marie-Hélène Morvan, Peumerit-Quintin (22)

Voici un bon exemple de comptine reflétant le quotidien du travail domestique. À l'origine, la mère la chantait à son jeune enfant pour le faire patienter tandis qu'elle réduisait les grumeaux de la pâte. L'air enjoué tranche avec la monotonie de la tâche, longue et pénible. Sur la première partie, on balance l'enfant sur ses genoux, puis sur *Diboulout...* (rythme accéléré) on le chatouille. Cette comptine peut aussi être utilisée pour essuyer les mains de l'enfant.

CD 13 · page 26

Ar c'hleier – Les cloches
Collectage : Yann-Fañch Kemener, Glomel (22)

Le chanteur imite le son des cloches : le bourdon d'abord, puis les petites cloches.

Bim baoñ, kloc'hig Kaouenneg
Ding dong, petite cloche de Caouënnec
Collectage : Ifig Troadec auprès de Marie Brigant, Botlezan (22)

Malgré leur attachement aux pratiques religieuses, les Bretons n'ont jamais hésité, comme ici, à les tourner en dérision. Les pièces de deux sous (*daouwenneien*) évoquent le minimum qu'on puisse donner lors de la quête après la messe pour ne pas paraître avare. On en jetait aussi aux enfants aux sorties de baptêmes.

Le chasse-gueux était le dévot chargé de chasser les mendiants à l'entrée de l'église.

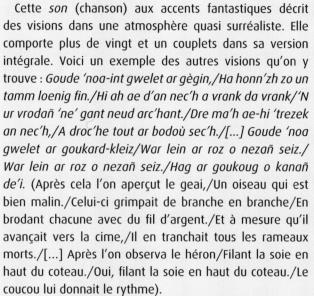

CD 14 · page 28

Tio tio

Cette chanson apaisante évoque la douceur de la nuit et repose sur la répétition d'une onomatopée au son agréable. Le breton, rempli de monosyllabes, se prête bien à ce type de prosodie : on trouve par exemple chez Per-Jakez Hélias la formule *To pa ri ti pa ri ti to* (« Toit fais si fais maison », ou « Si tu construis une maison, fais vite la toiture »), utilisée pour souhaiter la bonne année.

CD 15 · page 30

Dig dig mon cheval

Apprise par Anne-Marie Pelhate à Saint-Abraham (56)

À la fin de cette sauteuse, l'adulte introduit le prénom de l'enfant avec qui il joue (ici Matao).

L'évocation habituelle du trot et du galop est remplacée par l'exclamation finale *Youuu !* D'autres versions de Haute-Bretagne l'ont néanmoins conservée sous une autre forme finale : « Les dames y font le pas, le pas !/ Les messieurs y font le trot, le trot !/Les paysans y font le galop, le galop, le galop ! »

Comme souvent, cette sauteuse évoque la géographie locale (communes de Loyat et Saint-Abraham).

CD 16 · page 31

Pemp blank ar menn – Cinq sous le chevreau

Collectage : Mona Bouzec-Cassagnou, Bannalec (29)

Ce chant à décompter narrant la vente aux enchères d'un chevreau est parfois appelé « gavotte de Bannalec ». C'est également la première des danses de la suite de l'Aven. Selon un système musical spécifique au Centre-Bretagne, le *kan ha diskan* (chant et « déchant »), le second chanteur chante les dernières notes de la phrase du premier chanteur avec lui (on dit alors que les chanteurs « tuilent »), puis rechante seul cette phrase.

Ils sont accompagnés ici par le *tin whistle* (flûte irlandaise en laiton à six trous) et la clarinette populaire en *si* bémol à treize clés dite *dreujenn-gaol* (trognon de chou), particulièrement utilisée en Centre-Bretagne et dont la pratique connaît aujourd'hui un renouveau.

CD 17 · page 32

Al laouenanig – Le roitelet

Collectage : Humphrey Lloyd Humphreys, Le Guilly, Poullaouen (29)

Cette *son* (chanson) aux accents fantastiques décrit des visions dans une atmosphère quasi surréaliste. Elle comporte plus de vingt et un couplets dans sa version intégrale. Voici un exemple des autres visions qu'on y trouve : *Goude 'noa-int gwelet ar gègin,/Ha honn'zh zo un tamm loenig fin./Hi ah ae d'an nec'h a vrank da vrank/'N ur vrodañ 'ne' gant neud arc'hant./Dre ma'h ae-hi 'trezek an nec'h,/A droc'he tout ar bodoù sec'h./[...] Goude 'noa gwelet ar goukard-kleiz/War lein ar roz o nezañ seiz./ War lein ar roz o nezañ seiz./Hag ar goukoug o kanañ de'i.* (Après cela l'on aperçut le geai,/Un oiseau qui est bien malin./Celui-ci grimpait de branche en branche/En brodant chacune avec du fil d'argent./Et à mesure qu'il avançait vers la cime,/Il en tranchait tous les rameaux morts./[...] Après l'on observa le héron/Filant la soie en haut du coteau./Oui, filant la soie en haut du coteau./Le coucou lui donnait le rythme).

Le roitelet, l'un des oiseaux les plus petits, appartient au bestiaire des légendes. On lui attribue un pouvoir magique et une force exceptionnelle. La vieille femme assise au coin du feu a le statut d'une sorcière. L'orvet est désigné par le terme *aner-zall*, sorte de mot magique signifiant « la bête aveugle ». Lui aussi appartient au bestiaire des légendes. L'Ici-bas et l'Autre monde reflètent une vision celtique ancienne du monde, que l'on imaginait plat et divisé en trois parties : le monde d'en haut, notre monde et le monde d'en bas.

CD 18 · page 34

Hei, hei, hei, dip-ha-doup

Hue, hue, hue, tagada

Comme *Heido trikotin !*, cette sauteuse, connue dans toute la Bretagne bretonnante, est un bon exercice d'élocution. Il s'agit de prononcer plusieurs mots contenant la diphtongue *ei*.

La formule *dip-ha-doup* imite le galop du cheval.

CD 19 · page 35
Rai, rai mon p'tit soulai
Brille, brille mon p'tit soleil
Apprise par Anne-Marie Pelhate auprès d'Alain Loyer, Pleucadeuc (56)

Les rimes de cette sauteuse sont clairement construites sur la prononciation du gallo : *soulai* et *mai* ne rimeraient pas en français « soleil » et « moi ». Une autre version recueillie dans une commune voisine (Saint-Congard) remplace le « toi » du deuxième vers par « Dieu ». Comme souvent dans le répertoire enfantin, la mélodie est construite sur très peu de notes, ce qui donne un ton lancinant.

CD 20 · page 36
Tor Vrañsez, tor rouz...
Poitrine de François, poitrine rousse...
Collectage (breton) : Yann-Fañch Kemener, Sainte-Tréphine (22)/collectage (gallo) : Eugénie Duval, Mézières-sur-Couesnon (35)

L'homme a toujours associé des mots et des situations du quotidien aux sons de la nature pour mieux les retenir et se les approprier. L'humour y joue souvent un rôle important. Ces « mimologismes » (imitations par la voix d'êtres animés ou d'objets) en sont un bon exemple.

Breton : le pigeon (*ar pichon*) indique au faucheur que sa poitrine est rougie par le soleil. Chez les corbeaux (*ar brini*), la femelle rentre au nid avec un crapaud pour nourrir son petit et dialogue avec le mâle.

Gallo : il s'agit d'abord de trois coqs (*côs*) : le premier appartient à un fermier de moyenne importance, le deuxième à un riche fermier, le troisième à un petit fermier. Puis viennent l'imitation du pigeon (*pijon*) et des grenouilles (*gernouilles*).

CD 21 · page 38
Marijanig – Marie-Jeanne

Chanson très connue en Bretagne, composée dans les années 1930 par l'abbé nord-finistérien Augustin Conq (1874-1953), dit Paotr Treoure, sur un air d'*an dro*, danse traditionnelle du Vannetais. La petite Marie-Jeanne (le diminutif *-ig* donne une dimension affective) a toujours froid et reste près du feu (*tan*) et des cendres chaudes (*ludu*). Le terme *ludu* a d'ailleurs pris le sens de « casanier » (qui aime être près des cendres du foyer).

Très souvent interprétée par les enfants dans les concours de chant du Léon jusqu'à la fin des années 1950, *Marijanig* fait désormais partie du répertoire scolaire breton. Elle est restée ancrée dans la mémoire des anciens, qui ont beaucoup de plaisir à l'entonner lors des rencontres intergénérationnelles.

CD 22 · page 40
O ! Kaoc'h ki ! – Oh ! Crotte de chien !

Comptine moderne écrite à la demande d'une enseignante désirant sensibiliser les jeunes enfants bretonnants au problème des poux. Son auteur, Goulc'han Kervella, écrivain bretonnant et directeur de la troupe de théâtre Ar Vro Bagan (Le Pays Pagan) de Plouguerneau (29), a repris les procédés traditionnels (rimes, rythmes, humour) pour faire s'exercer l'élocution sur un petit juron signifiant « Oh ! Crotte de chien ! » ou « Merde alors ! ».

Ki du (chien noir) était le surnom donné par les catholiques militants aux protestants au XVIe siècle.

Blanc et noir sont aussi les couleurs historiques de la Bretagne, dont le drapeau est d'ailleurs appelé le *Gwenn ha du* (le Blanc et noir).

CD 23 · page 41
Les nouzilles – Les noisettes
**Apprise par Anne-Marie Pelhate auprès
de Jacky Sourdrille, Saint-Senoux (35)**

On recueille encore dans le pays gallo, surtout dans sa partie morbihannaise, des milliers de petits chants « à décompter » de 10 à 1, appelés dizaines. Ces chants « à répondre » (un meneur chante, le groupe lui répond) accompagnent généralement la marche ou la danse. Ce chant était utilisé pour danser le pilé-menu, danse en rond du Morbihan gallo.

CD 24 · page 42
Daou dadig 'n neus ma mabig
Deux pères qu'il a mon fils
Collectage : Yann-Fañch Kemener, Glomel (22)

Cette berceuse vient de la région de Rostrenen, où vouvoiement et tutoiement se confondent, comme en anglais. Elle rappelle un temps de pauvreté et de pénurie, peut-être celui du blocus imposé par Napoléon en 1806. L'économie bretonne, qui reposait alors en grande partie sur les commerces du tissu et de la broderie, eux-mêmes dépendants des échanges maritimes, fut très affaiblie.

Cette berceuse peut s'accompagner d'un jeu de doigts avec le pouce et l'index. Les doigts décrits sont déformés « petit et boiteux », « bossu », comme ils l'étaient et le sont encore chez les travailleurs manuels.

CD 25 · page 45
Jibedi jibeda

La gavotte, comme toutes les suites de danses, comporte trois parties (*ton berr* : air court ; *tamm kreiz* : morceau central, ballade plus reposante ; *ton doubl* : air double), mais s'y ajoutent souvent un quatrième voire un cinquième air. Dans le Centre-Bretagne, on utilise le *Jibedi* en quatrième partie de la suite gavotte, parfois également en *tamm kreiz*. Il s'agit de trouver une compagne dans cette farandole où l'on tourne dans un sens puis dans l'autre (dans le sens inverse du soleil, dit-on pour les gavottes) en changeant de cavalière.

CD 26 · page 46
Ur maligorn – Un escargot

Ce chant à décompter est très utilisé à l'école et pousse l'enfant à l'observation, de la même façon que les anciennes leçons de choses.

Maligorn est l'un des surnoms de l'escargot. Le nom ordinaire est *ur velvedenn kornigellek/krogennek* (une limace à cornes/à coquille).

CD 27 · page 48
Luskell, ma bagig – Berce, ma barque

Cette chanson, inspirée de la ballade écossaise *The Skye Boat Song*, évoque les marins-pêcheurs du Pays bigouden, notamment de Penmarc'h, port de pêche près du Guilvinec, dans le Finistère. Elle a été adaptée en breton par Jean Delalande, dit Kerlann, instituteur ayant composé et remanié de nombreuses chansons dans un but pédagogique (recueil publié en 1936).

CD 28 · page 50
Toutouig – Fais dodo

Le texte chanté ici associe plusieurs versions de cette berceuse très connue, qui date probablement du XIXᵉ siècle et fait partie des classiques.

Toutouig fait l'éloge de la mère attendrie et attendrissante et incite garçons et filles à la révérer. On comprend que cette berceuse ait été utilisée par les revues catholiques bretonnes apparues après 1850 pour véhiculer des valeurs traditionalistes voire conservatrices. Toutefois, aujourd'hui, nous en retenons plutôt la magnifique mélodie, et sommes touchés par la profonde tendresse qui s'en dégage.

Remerciements

Pour leur chaleureuse participation vocale et l'accompagnement pas à pas du collectage :
Mona Bouzec-Cassagnou, Anne-Marie Colomer, Thérèse Dufour, Henri Le Naou, Alain Le Buhé,
Maina Sparfel et Bleuenn Bigouin, Jacqueline Orrière et Gisèle Gallais.

Merci à Maryvonne Berthou de l'école Diwan de Lesneven pour l'accompagnement
linguistique et musical des enfants.

Merci à Pat O'May pour l'enregistrement de *Piou ra unan ?* et *Pemp blank ar menn*.

Pour leur oreille attentionnée et les indispensables conseils pratiques et méthodologiques :
Catherine Perrier, Yann Couëdelo, Annaïs Laudren du Centre de ressources du patrimoine
Marc Le Bris, Fabienne Mahon du Groupement culturel breton, Fanny Chauffin, Patrick Le Poul,
Donatien Laurent, Jean-Louis Le Craver, André Le Coq, Francis Favereau, Yves Guilcher,
Marie-Jo Guizien, Jacqueline Blezo-Jouan, Sylvain Gaudin.

Merci à Vincent Morel, Charles Quimbert et Jean-Luc Ramel, de l'association Dastum,
ainsi qu'à Olier Armogn, de l'Office de la langue bretonne, pour leur précieuse collaboration.

Chantal Grosléziat

L'éditeur remercie Yann-Luk Kloareg et les éditions Skol Vreizh
pour la carte de la Bretagne linguistique.

 Collecter, sauvegarder, transmettre le patrimoine oral de Bretagne.
(Centre d'archives sonores, éditions, réseau, formation...)
www.dastum.net